LUČA MIKROKOZMA

LUČA MIKROKOZMA

PETAR P. NJEGOŠ

Globland Books

POSVEĆENO

G. SIMI MILUTINOVIĆU

(NA CETINJU 1. MAJA 1845)

Da, svagda mi dragi nastavniče,
Srpski p'jevče nebom osijani,
Zadatak je sm'ješni ljudska sudba
Ljudski život snoviđenje strašno!
Čovjek, izgnat za vrata čudestvah,
On sam sobom čudo sočinjava:
Čovjek, bačen na burnu brežinu
Tajnom rukom smjeloga slučaja,
Siromašan, bez nadziratelja,
Pod vlijanjem tajnoga promisla —

On se sjeća prve svoje slave,
On snijeva presretno blaženstvo,
Al' njegovi snovi i sjećanja
Kriju mu se jako od pogleda,
Bježe hitro u mračnim vrstama
U ljetopis opširni vječnosti;
Samo što mu tamnijem prolaskom

1

Trag žalosti na dušu ostave,
Te se trza badava iz lanca,
Da za sobom pronikne mračnosti.

Čovjek, bačen pod oblačnu sferu,
Prima l' ovdje oba začatija?
Je l' mu ovdje dvostruka kol'jevka?
Je l' mu zemlja tvorcem određena
Za nakazu kakvu tajanstvenu
Al' nagradu burnu i vremenu
Al' rasadnik duhovnog blaženstva?
Ah, ovo je najviša taina
I duhovne najstrašnije bure —
Ovoga su u grobu ključevi.

Koliko sam i koliko putah,
Dubokijem zauzet mislima,
U cvijetno lono prirodino,
Hraneći se pitatelnim sokom
Iz nje sise gole i prelestne,
Mater štedru zapitivâ smjelo:
Rad česa je tvorac satvorio?
Radi l' đece svoje mnogobrojne,
Ali đecu za nje udovoljstva,
Al' oboje jedno rad drugoga?

No vremena pitatelnica mi,
Okićena cvijetnim vremenom,
Okrunjena sunčanim zrakama
Ali vlase cvijetne pletući,
Bisernom ih rosom nasipljući
Pri igranju svjetlokosih zv'jezdah
Da dičnija na jutro izide
Pred očima svoga vladaoca,
Na sva moja žarka ljubopitstva
Smijehom mi odgovara njenim.

Koliko sam i koliko putah
Svod plavetni neba sveštenoga,
Brilijantnim zasijat sjemenom,
Zaklinjao dušom zapaljenom,
Da mi svetu otkrije tainu:
Ali ga je tvorac ukrasio,
Veliku mu knjigu otvorio,
Da tvar slavi tvorca i blaženstvo,
Al' da čovjek na nje listu čita
Ništavilo prekomjerno svoje?

S vnimanjem sam zemaljske mudrace
Voprošavâ o sudbi čovjeka,
O zvaniju njegovom pred Bogom;
No njihove različne dokaze
Nepostojnost koleba užasna:

Sve njih misli na jedno sabrane
Drugo ništa ne predstavljaju mi
Do kroz mrake žedno tumaranje.
Do nijemog jednog narječija,
Do pogleda s mrakom ugašena.

Snom je čovjek uspavan teškijem,
U kom vidi strašna priviđenja,
I jedva se opred'jelit može
Da mu biće u njima ne spada.
On pomisli da je neke pute
Od sna ovog osvobodio se;
Ah, njegove pr'jevarne nadežde!
On je tada sebe utopio
U sna carstvo tvrđe i mračnije
I na pozor strašnij snoviđenja.

Hitrost mu je i lukavstvo dato,
Samo teke da je člen dostojni
Na zemaljski sajam nesmisleni;
Volje mu je osnov položena
Na krilima nepostojanosti;
Želja mu je strastih užasnijeh
Pobuditelj, rukovođa sl'jepi;
Zloća, zavist, adsko nasljedije —
Ovo čojka niže skota stavlja,
Um ga opet s besmrtnima ravni!

U vremenom i burnom žilištu
Čovjeku je sreća nepoznata;
Prava sreća, za kom vječno trči,
On joj ne zna mjere ni granice;
Što se više k vrhu slave penje,
To je viši sreće neprijatelj.
Naša zemlja, mati milionah,
Sina jednog ne mož' vjenčat srećom.
Samovlacem kad postane njenim,
Tad nazdravi čašom Herkulovom.

Naše žizni proljeće je kratko,
Znojno ljeto za njime sljeduje,
Smutna jesen i ledena zima;
Dan za danom vjenčaje se tokom,
Svaki našom ponaosob mukom.
Nema dana koji mi želimo,
Nit' blaženstva za kojim čeznemo.
Ko će vjetar ludi zauzdati?
Ko l' pučini zabranit kipjeti?
Ko l' granicu želji naznačiti?

U čojka je jedan hram vozdignut
Zla obitelj tuge i žalosti;
Svaki smrtni na zemlji rođeni

Ovom mračnom obitelju vlada,
Pod koje se svodom otrovnijem
Mučenija vremena gnjijezde.
Ovo grko nasljedije ljudsko
Čovjek čojku, čovjek sebi dava,
Najsretnji ga iz ništa stvaraju
Radi smrtne tužne armonije.

Čovjek organ dosta slabi ima
Da izrazi svoje čuvstvovanje,
Zato znake različite dava,
Različita tjelodviženija,
Umna čuvstva da objelodani;
No svi naši slabi izgovori
I sva naša slaba čuvstvovanja
Spram onoga, što bi šćeli kazat
Nijemo su spletno narječije
I klapnjanje duše pogrebene.

S točke svake pogledaj čovjeka,
Kako hoćeš sudi o čovjeku —
Tajna čojku čovjek je najviša!
Tvar je tvorca čovjek izabrana:
Ako istok sunce sv'jetlo rađa,
Ako biće vri u luče sjajne,
Ako zemlja priviđenje nije,
Duša ljudska jeste besamrtna,

Mi smo iskra u smrtnu prašinu,
Mi smo luča tamom obuzeta.

O, svevišnji tvorče nepostižni!
U čovjeka iskra bespredjelnog
Uma tvoga ogleda se sv'jetla,
Kâ svod jedan od tvoje palate
Što s' ogleda u pučinu našu.
Dan ti svjetlost krune pokazuje,
Noć porfire tvoje tajanstvene,
Neponjatna čudestva divotah.
Tvor ti slaba djela ne postiže,
Samo što se tobom voshićava.

Pitagore, i ti, Epikure,
Zli tirjani duše besamrtne!
Mračan li vas oblak pokrijeva
I sve vaše posljedovatelje.
Vi ste ljudsko ime unizali
I zvanije pred Bogom čovjeka,
Jednačeć ga sa beslovesnošću,
Nebu grabeć iskru božestvenu,
S kojega je skočila ognjišta,
U skotsko je seleći mrtvilo.

Budalama kad bi vjerovali,
Poete su pokoljenje ludo.
Našu sferu da noć ne polazi,
Bi l' ovako lice neba sjalo?
Bez ostrijih zubah ledne zime
Bi l' toplote blagost poznavali?
Bez budalah tupoga pogleda
Bi l' umovi mogli blistat sv'jetli?
Svemogućstvo svetom tajnom šapti
Samo duši plamena poete.

Sve divote neba i nebesah,
Sve što cvjeta lučam sveštenijem,
Mirovi li al' umovi bili,
Sve prelesti smrtne i besmrtne. —
Što je skupa ovo svekoliko,
Do opštega oca poezija?
Zvanije je svešteno poete,
Glas je njegov neba vlijanije,
Luča sv'jetla rukovoditelj mu,
Dijalekt mu veličestvo tvorca.

Divni pjevče srpske narodnosti,
Bič si sudbe veće ispitao, —
Svijet želji ne zna ugoditi.
Sudba ti je i moja poznata;
Mislim, nejma podobne na zemlji:

Do vratah sam iznikâ Tartara,
Ad na mene sa prokletstvom riče,
Sva mu gledam gadna pozorišta;
Al' na sudbu vikati ne smijem —
Nadežda mi voljom tvorca blista!...

Ja od tebe jošte mnogo ištem:
Da postaviš u plamteće vrste
Pred očima Srpstva i Slavjanstva
Obilića, Đorđa i Dušana,
I još koga srpskoga heroja;
Da progrmiš hulom strahovitom
Na Vujicu, Vuka, Vukašina,
Bogomrske Srpstva otpadnike;
Zloća njima mrači ime Srba,
Tartar im je nakaza malena! —

PJESNA I

Teško li se u polet puštati
Na lađici krilah raspetijeh
Bez kormila i bez rukovođe
U beskrajni okean vozdušni,
Đe su sunca samo kaplje sv'jetle
A mirovi jedva vidne iskre;
Đe užasne bure gospodstvuju,
Oka smrtnu otvorit ne daju
Već ga gone u mračno žilište,
Bog zna kakvom sudbom naznačeno.

Pravdo, rukom tvorca osveštana,
Ti koje je ime svuda sveto
Do granice zrakah svijetlijeh,
Zaštiti me štitom mogućijem
Od olujah korabljekrušnijeh.
Evo žertva s oltara čistoga!
Ne dadu joj pravo k nebu ići,
Na koga je slavu sažežena!

Poklonika viđi siromaha
Kako plovi morem k svetilištu;

Gotovo je smrznut pobožnošću,
Nosi zavjet na oltar višnjega;
Na nj se bure s jarošću puštaju,
Ćeraju ga tamo i ovamo,
Mučeći ga stravom pogibije,
Dok ga bace u bezdnu kipeću.
Bog ubio tu besputnu silu
Koja tvoje popire zakone,
Koja puni mrakom i užasom
Naš orizont i našu sudbinu!

U noć, strašnom burom razječanu,
Sinu meni zraka pred očima
I glas začuh kano glas angela:
„Ja sam duše tvoje pomračene
Zraka sjajna ognja besmrtnoga:
Mnom se sjećaš šta si izgubio;
Badava ti vatreni poete
Satvaraju i kliču boginje:
Ja jedina mrake pronicavam
I dopirem na nebesna vrata."

Poj mi dakle, besamrtna tvari,
Strašno tvoje s neba padenije
I vremeno tvoje zatočenje
U judoli tuge i žalosti:
Kakva te je sila nečestiva
Da sagr'ješiš Bogu prevlastila,
Da vječnoga popireš zakone?
Što je jarost besmrtnoga tvorca
Na zlo tvoje toliko ražeglo?
Pričaj meni tužnu tvoju sudbu!

Ah, strašnoga tvoga padenija!
Ah, užasa što smrtne postiže!
Tužnoga smo mučenija žertva
Rad pogubnog toga prestupljenja!
Zaborave san te obuzeo,
Te si prvo blaženo bitije
I istočnik besamrtne sreće,
Rajska polja, vječito blaženstvo,
Životvorni pogled stvoritelja
Zaboravi nesrećnoj predala.

Istrgni se, iskro božestvena,
Iz naručja mračne vladalice,
Podigni se na svijetla krila,
Raspali se plamom besmrtnosti;
Skini mene sa očih mojijeh

Neprozračnu smrtnosti zavjesu,
Tupe moje otrgni poglede
Od meteža ovog ništožnoga,
Uvedi ih u polja blažena,
U tvorenjem osveštanom hramu,

Da opširnu vidim kolijevku
U kojoj se vječnost odnjihala,
Iz koje je u krila udrila,
U beskrajni prostor ulećala,
Od svačijeh skrila se pogledah
Do jednoga koji sve proniče,
U opširno svetilište bića,
Đe s' rađaju sunca i mirovi,
Đe vjenčano biće s začatijem,
Đe se dusi besmrtnošću krste.

Povedi me u nebesna polja,
Da pogledam blaženo žilište
Đe si i ti nikla i živila,
Sljedujući stopam arhangela
Na besmrtnim i svijetlim kril'ma
Pod znamenj'ma slavom razvijanim,
Svetom slavom nebesne blagosti,
Kako što mu i sada sljeduješ
Po blatnojzi i mračnoj judoli
U okovu mrtve tjelesine. —

„Ja sam tvoja iskra besamrtna!" —
Reče meni svijetla idea —
„Vodiću te k vječnome ognjištu
Od kojeg sam i ja izlećela.
Već tegotni okov fizičeski
Zbaci s sebe, osvobodi ga se:
Pod tuđijem ne stenji bremenom;
On je stručak slabi i nejaki,
Za mah smrtni samo iznikao,
On je ručak gada puzećega."

To izusti, reče: „Sljeduj za mnom!"
Odvede me u carstvo svjetovah,
Kako kaplja rose sa cvijeta
Ili zrnce leda prozračnoga
Pri pogledu svijetloga sunca
Što u nebo dignu slabe zrake,
I ja, plamteć veličestvom neba,
Podobno sam njima uradio:
Nekakvo me svojstvo diglo tamo,
Nekakav me sveti magnet tegli.

Evo slabe i malene iskre
Među sunca plamteće svjetove
Što bogatstvom lučah besmrtnijeh

Potapaju prostor i mirove!
Da! iskra je svjetlost porodila,
Okean su kaplje sastavile:
Sveti tvorac veličestvom sjaje
U iskrama kako u suncama,
U smrtnima kâ u božestvama, —
Sve mu skupa svemogućje slavi!

Šest nebesah kolovitnih pr'jeđem,
Šest ml'ječnijeh preletim putovah,
Velju sferu igrajućih šarah,
Koji vječno svijetla dviženja
U pravilnim kolim' izvršuju
Koja im je ruka svemoguća
Načertala presvetom mudrošću.
Ah ti tajno, Bogu tek izvjesna —
Sastav ove presilne mašine
Koja kreće bezbrojne mirove!

Pet nebesah nepodvižnih pr'jeđem
Sljedujući zračici ideje,
Beskonečno vidim ovdje carstvo
Veličestva, postojanstva mirah:
Prostor im je širi rastojanja,
Neg' podvižnim mnogo svjetovima;
Al' se vide zrakom oblačeni,
Kako morski veliki ostrovi,

Kad ih zima snijegom obuče,
Te ih plovac iz daljine gleda.

Ustav' polet, iskro božestvena!
Krug smo davno prešli vozmožnosti:
Nebesne su prešiljaste zrake,
Mogu vr'jedit smrtnome pogledu;
Nebesni je prostor beskonečan,
Voobraza sila delikatna.
Kći nebesna usliša mi molbu,
I na desno krug poleta savi
Put jednoga mira velikoga,
Na sv'jetlom mu br'jegu počinemo.

Svjetlošću mi vid očih poražen
Veličestvom njegovijem čuvstva,
Te ja padnem na brijeg kristalni
I zatvorim oči sa rukama, —
Ne smijem ih otvorit nikako.
Čujem glase besmrtne muzike
I nebesnu njenu armoniju,
Koja sladost blagodatnu lije;
Glas njen moju dušu zabunjenu
Božestvenim streca elektrizmom.

Dok me neko za ruku dohvati
I pozva me prijatnijem glasom:
„Dig' se, tvari opšteg stvoritelja,
Te tî hitre naslađuj poglede
U predivna stvorenija božja.
Pred velikim pretprijatijama
Nek se krije ime opasnosti.
Svi svjetovi bez očih su mračni."
Obodri me sin besmrtni neba
I spravi me na br'jeg nepoznati.

Ljubopitstvo duha besamrtne
Srojilo je oko mene krugom,
Al' pogledi blagi i pronicni
Jednoga se s mene ne micahu,
U njim' sjaše sveta simpatija.
„O blaženi sine prevječnoga,
Ja mu rekoh umilnijem glasom,
Što te moja sudba zanimava
Te ti znake božestveno lice
Živom brigom za me izražava?"

„Visoka me volja naznačila
Za angela tvoga hranitelja:
Od dužnosti svete ne odstupam,
Kolik' zrǎka od sv'jetloga sunca;
Ti kako si krug zemni prešao,

Usku sferu bezumnog meteža,
Ja sam tebe paziti počeo,
Kroz gomile proveo gromovah,
Kojima je vaše podnebije
Vazda teško i pretovareno.

„Bi li smjela zabunjena duša
Pretrć okov smrtne tjelesine
Bez sveštene volje stvoritelja,
Po prostoru lećet nebesnome,
Tražit prvo blaženo žilište,
Tražit sudbu svoga padenija?
Sve što blatnoj zemlji prinadleži,
To o nebu ponjatija nema;
Duhovni je život na nebesi,
Materije u carstvu gnjilosti.

„Sva besmrtna vide namjerenja:
Tražiš uzrok tvoga padenija.
Svud ću tebe, kud hoćeš, voditi;
Ja žalosnu vašu znadem sudbu.” —
„Ah, božestvo tvorcem naznačeno!
Zar toliko mogućega tvorca
Naša mračna zanimava sudba
Da atomu jednom mislećemu
Da božestvo takvoga kačestva
Da g' u polja vodi mirodržna?”

„Hajde za mnom po zračnom brijegu
Postojanstvom okrunjena mira,
Te obodri uhiljenu dušu,
Veličestvom neba raznesenu!"
Povede me sretnji duh nebesni,
Kako majka ustrašena sinka
Što ga vodi nježno milujući,
Dok ga sebi vrati i utješi.
Na brežuljak jedan od topaza
Izidemo i na njem sjedemo.

„Eto nebo kud ćemo lećeti!"
Kaza mi ga sa sniježnom rukom
I blagosti punijem pogledom:
„Na nj je prestol mirosijatelja
Te u svjetlost biće okupao." —
Jošt Bog nek zna što mi angel priča,
No ja pogled put neba ispravih
I zanešen ne čujah angela,
Već trepetom sv'jet svjetovah gledah,
I slatka me nemoć obuzela.

„Sva ti ovde ginu ponjatija;
Voobrazi sami sebe gone
I gube se u neizvjesnosti!"

Od svijeta na kom mi sjeđasmo
Do nebesa prestolodržnoga
Rastojanje preužasno bješe —
Sto put više zemlje od Urana;
Sav nebosklon što mogah viđeti
Mir mirovah bješe napunio
Sa svojijem svijetlijem šarom.

Iz njega se luče besamrtne
Na sve strane r'jekama sipahu.
Kô kad tvorac mogućijem slovom
Našu zemlju u vjetar razvije,
I u trenuć zemni okeani
Kad se prospu srebrnim strujama
U propasti bezdne mrakovite:
Tako teku izobilno luče
Sa dobrotom svojom besamrtnom
U prostore opširnoga bića.

Kroz valove nebesne svjetlosti
Mirijade lećahu kometah
Sa naglošću svojom prekomjernom
Na sve strane tamo i ovamo;
Neke k nebu, a neke od neba,
Kako ono trudoljubne pčele
Kad im ruka blagodatna tvorca
Sa štedrošću prospe manu slatku,

Te uzavru tamo i ovamo
Na vjenčano sa tišinom jutro.

„Hranitelju, prevječnoga sine,
Šta šarići oni mali znače
U plamenom ovom podnebiju
Te se dižu, spuštaju pravilno:
Tmasti niču k nebu sveštenome,
A sv'jetli se k nizu spuštavaju?"
Božestveni na me vzor okrenu,
Vjenčan vječnom krasotom mladosti;
Lik bi divni njegov pomračio
Sva prelestna rađanja Avrore.

„Oni šari što se k nebu dižu,
Te se vide u svijetloj sferi
Kako lopte tmaste i bezračne,
To su sunca, voždi sozvjezdijah,
Izbježaju iz mračnoga njedra
Po sveštenoj volji mirodavca.
Na nebesna četir' kraja idu,
Da se krste u besmrtnu svjetlost,
Okrunjeni svjetlošću vječitom
Na vječno se carovanje vrću."

Povede me malo ponaprijed:
„Gledaj — kaže — na lijevu stranu,
Te šar vidi onaj pogolemi
Te pružaje crnokrake luče.
On jedini u prostoru sv'jetlom
U crnu je oblačen porfiru;
Zla svakoga najljuće krajnosti
Pod jednom su u nj krunom sabrane;
On katedru mračnu sočinjava
Pozorišta svakog užasnoga!

„Ad se zove, car mu je Satana,
Mračna duša, neba nenavisnik;
Zlo je njemu jedina utjeha,
On se sa zlom vječno obručio;
Zlu je žertvu prinio veliku:
Šesti dio nebesnog vojinstva
Lišio ga blaženstva svetoga,
U mračno ih carstvo povukao
Na bez konca mučenija strašna;
Znaćeš i vam' što je uradio!"

Kako more iza strašne bure,
Prisustvijem duha ostavljeno,
Umoreno silnijem napregom
Preskačući prirodnu granicu,
Utruđeno istegne se leći

U pješčanu svoju kolijevku,
Tako isto moja slaba duša,
Zanešena tvorca čudesima
Za granice voobraženija,
U duboko padne uninije.

Krilatoga lišena mečtanja,
Mračne joj se otvore propasti,
Sa užasom da je gladne proždru;
Uplašena strašnijem viđenjem
Ustrepeta kâ sveštena ptica,
Poćerata smrtnijem kricima
Narušnika mira vozdušnoga;
Na kraj bješe došla padenija,
No hranitelj krilah sniježnijeh
Sveštenim je magnetizmom spase.

„Sini — kaže — ognjem stvoritelja!
Ti si iskra za nebo stvorena,
Besmrtnijem Bogom pomazana.
Šta te k ljudskoj vuče kolijevci,
Đe kukanje i plač okrunjeno,
Đe vjenčana glupost sa tirjanstvom,
Đe se samo rad nesreće ljudske
Bogotvori Cezar s Aleksandrom,
Đe prelesti smrtne svekolike
Teke licem iz glibine vire?"

Povratim se i otvorim oči,
Hranitelju besmrtnome rečem:
„Duh nijedan opšteg stvoritelja
Bez sile se ne bi soglasio
Jaram nosit smrtnoga okova;
Ko bi igda s dobre volje htio
Bezumnoga poželjet meteža,
Đe zlo gnusno svagda toržestvuje,
Đe svak zname od razdora nosi,
Đe gnjiloća duše kamenuje?

„Sudba naša otrova je čaša.
Vječne sudbe sveti su zakoni:
C'jela bića njima su pokorna.
Vidi čovjek svoje zatočenje,
Pomalo se prve slave sjeća
I poleti k nebu kako munja;
Al' ga smrtni lanac zausteže,
Dokle ročno odstoji sužanstvo.
Stoga smrtni najsjajnij' poete
S vratah neba u propast padaju."

PJESNA II

Kako sunce dana oblačnoga
Kada baci s vedroga zapada
Svoju hitru i plamenu str'jelu
Na kristalnu krunu Čamalara,
Tako trenu besamrtni angel
Na svijetla i ognjena krila
K nebu sjajnu i tronu višnjega
Među svoje blažene likove,
Mene uze pod zefirna krila
I unese u predjel nebesni.

Gle, idejo, iskro besamrtna,
Do sad su te struje i potoci
Okeana ovog zanosile,
Sad nas evo na izvor čudesah,
Sad nas evo u carstvo svjetlosti,
Na valove tihe beskonačne,
Zapaljene ognjem besmrtnijem,
Vječnim ognjem sveštene ljubovi.

Ovđe naše sile iščezaju
Kâ pogledi u toku vremena.

Mjesto očih da dva sunca niknu
I ideju jedan vijek smrtni
Da po carstvu nebovlaca prate,
Ne bi njini svijetli pogledi
Veličestva nebesne prelesti
Svekolike mogli pregledati;
Ti l' se, slaba, usuđuješ, ruko,
Da opišeš poljah nebesnijeh
Veličestvo i krasotu divnu
I angelska vječna naslaždenja?

Kratke moje obratim poglede
U prostore nebesne ravnine:
Pogledi se u prelesti tope,
A jezik se od čudestvah mrzne.
Ko će tebe razumjeti, tvorče,
Ko l' mogućstvo voobrazit' tvoje?
Mračni vladac ada nesitoga
I zatočnik iz raja prognani
Da su mogli, besamrtni dusi
Tvoga plana postić veličestvo,

Ada ime bi vječno ostalo,
Ništožnošću nijemom zasuto,
Smrt bi na grob njegov očajala;
Ne bi Adam svoje legione
U okove smrtne okovao
I na žertvu sebe predâ s njima
Užasima smrtnim nasljednima!
Velji jesi, tvorče i Gospodi,
I čudna su tvorenija tvoja,
Veličestvu tvome kraja nejma!

Plan nebesah premudrost je vječna
Svojom vještom rukom sočinila:
Svekolike nebesne ravnine
Pokrite su cv'jetnim livadama,
Maj vječito na njima caruje;
Boja cv'jeća vječna i prozračna,
U pravilnost svaki cvijet nikâ
Kâ vještijem tkanjem razloženi,
Vozduh pune blagouhanija,
No stvorena samo rad nebesah.

Na prostore kitnijeh livadah
Vrste su se nepregledne sadah
U pravilne rasule redove
I na divna kola izuvile;
Tu se gorde kedri i jablani

I porode neizbrojne drvah, —
Sve porode samo nebu slične:
Vrhove im jedva zazret možeš
U zeleno vječno obučene;
Red svešteni na svemu caruje.

Bregovi su nikli po ravnini,
Po pravilu, kako sve ostalo,
Okruženi kitnim sadovima;
Na njima su dignuti prestoli
Od topaza i zračna rubina
Rad angelah prvoprestolnijeh;
Nad prestolom svakojijem stoji
Na vozduhu jedno kolo sjajno,
Kako što je kolo Saturnovo,
Te se vije i te zrake lije.

Po sredini poljah opširnijeh
Teče r'jeka vode besmrtija;
Njoj su struje kâ prozračne luče,
Tok je njezin besmrtna idea,
Nje bregovi od čista rubina,
Od rubina hiljade mostovah
U pravilne nad njom stali duge;
Svi redovi gordijeh fontanah
Koji skaču u nebesna polja,
Od nje idu, u nju se povraću.

Slavoslovni likovi angelah,
Na bezbrojne hore, legione
Usijati u blažena polja
Rashorena slatkoglasijama
I himnima vječite ljubovi,
Uživaju besmrtnu nasladu
Koju smrtni ne zna voobrazit.
Legioni opet neizbrojni,
Na uredna jata razasuti
Po nebesnoj blagodatnoj sferi,

Njihajuć se na zefirna krila,
Poju pjesne vječite ljubovi.
Ah, krasotu nebesnog vojinstva
Smrtni nikad postići ne može!
Na svakome licu angelskome
Sovršenstvo blista stvoritelja
I prelestna božja poezija;
Na njihova koplja i strijele
I svijetle vojničke štitove
Klizaju se igrajuće zrake.

Na sredini nepregledne ravni
Kruta se je gora uzvisila:
Osnov joj je od čista rubina

A sva gorâ masa brilijantna.
Veličinu gore tronodržne
I prelive njezine svjetlosti
Svi pogledi i voobraženja
U ponjatnost dovesti ne mogu:
Ova tajna visokog promisla
Nepostižna stoji besmrtnima.

Na vrh gore tron se gordi visi
I palata prevječnoga cara —
Vječnosti je ovde kolijevka:
Ovde se je ona okrunila
Svetom rukom velikoga tvorca;
Odavde je hitro poletjela
Na opširno carstvo i gospodstvo;
Odavde je prva iskra sjekla,
U predjele noći uskočila
I svjetlosti oblik pokazala!

Ovde su se mrske mračne sile
U komade grdne razdrobile
I iz vlade bića izbježale
U žalosno stanje hladne smrti;
Odavde se sa svjetlošću prva
Svemu biću nasmijala zora;
Ovde se je besmrtnijem pravda
Na vječito carstvo sačetala;

Odavde ti sudba, volja s umom
U jednome izbijaju ključu.

Nad visokim prestolom prestolah
U vozduh se sjajno kolo kreće,
Kâ i druga što se kola kreću
Nad prestolma prvijeh angelah;
Ma je ono milione putah
Od svakoga veće i sjajnije;
Mirijade sjajnijeh sunacah
O njemu su svetijem pravilom
Za svijetle vlase povješane,
Liju svjetlost u opširnu sferu.

To je kruna Boga istinoga,
Sa kojom je sam sebe vjenčao
Nad vječnošću i nad vremenima,
Pod kojom je zavjet učinio
Sebe samom na svetome tronu
Da će mrake gonit za predjele
I granice osv'jetliti bića;
Da će pravde ime svetkovati
Sa mračnošću zasuti mirovi,
Kako što se na nebu svetkuje.

Oko gore prestolodržeće
Četiri su gore od almaza,
Previsoke u pravilnom redu;
Iz njih biju četiri fontana
Sa živošću plamtećijeh lučah;
Debeli se njihovi stubovi
U pravilnom podižu razmjeru
U opširnu nebodršca sferu.
Kad stubove u visinu popnu
Koliko je s zemlje do mjeseca,

Onda ti se u pravilne duge
Sviju sferom neba blaženoga,
Na četiri nebesne granice
U vozdušni okean padaju.
Iz bezdanah ništožnosti šari,
Od haosa neobdjelanoga
Tvoriteljem na biće pozvani,
Na struje im rojevima lete,
Te se krste i nadoje lučah
I vozdušna postaju svjetila.

„Sad si, mislim, sa svijem dovoljan
I duša se obodrila tvoja" —
Reče meni krasni žitelj neba, —
„Kada ti je tvorac dopuštio
Da mu prestol svijetli pogledaš

I prelesti raja sveštenoga!" —
„Hranitelju, sveti sprovodniče,
Na ravnine nepregledna neba
Kome liku, kome legionu
Prinadležiš svetijeh žiteljah?" —

„Vidiš — kaže — one legione
Te su blizu gore trononosne,
Po ravnini što su na gomile
Do bregovah r'jeke besmrtija?
Ono su ti gusti legioni
Mihaila prvoprestolnoga;
Ja njegovu prinadležim liku,
Onde mi je blaženo žilište,
Onde mi je slatko vjekovanje
Svemogućom voljom naznačeno.

„Nad naše se legione vîsê
Šest hiljadah kolah svijetlijeh;
Veliki je naš stan zauzeo
Na sladosnoj vodi besmrtija
Četiridest hiljadah mostovah,
Jer žitelji neba prostranoga
Mogu lećet kâ ognjene munje,
Mogu hodit na noge lagane,
Voziti se, koji hoće, mogu
Na ognjenim svojim kolesnicam."

Slavoglasno horenje muzike
I pjenije besmrtnih likovah
Počelo se bješe utišavat;
Već bijeli nebesni polkovi
Sve mostove bjehu napunili
Sa svojijem divnijem masama.
Svak se svome povraćaše stanu,
Neki pješkom a neki na krila;
Nepregledne njihove stanove
Prekriliše b'jelim okolima.

Krilatome podobno oblaku,
Kad ga gledaš s visoke planine
Ušikana tihijem zefirom,
Kad se spušti u cvijetna polja
Na velike i bijele mase,
Da zefirna poodmori krila
Na kovrima cvijetna proljeća, —
Vid podobni besmrtnog vojinstva
Predstavljahu opširni stanovi
Na poljima blažene radosti.

„Evo — reče slatkoglasni angel, —
Sad će vr'jeme biti od odiha,
Što vi kod vas noću nazivate."

Naprijed mi raskaza javljenja,
Koja će se u njem' pokazati.
Dok odjednom svu nebesnu sferu
Prikri šator čistoga kristala,
No bijelog i neprozračnoga,
Zaustavi tečenije lučah,
Laku svjetlost u nebo usija.

Divni šator bješe preopširni
Sa visokim svojim idejama
Vješta ruka tvorca ukrasila,
Sa blistanjem svake struke bojah
Igrajućih na zračnom prozraku.
Tu lećaše vječnost okrunjena
Vješto svoje polete snovaše
Na krilima tamo i ovamo,
Časom u vrh, časom u nizinu
Tajinstvenom pokrita zavjesom.

Za njom vr'jeme sa velikom hukom
Na zefirna sljedovaše krila
U široke svoje kolovrate,
Neće li je kako uhvatiti.
Radimosti ove neumorne
I silnoga njegova naprega
Niko sebi predstavit ne može;
Ali svoje c'jeli postić neće,

Jer vjekovah mati bezbrojnijeh
Ima lakša nego sjenka krila.

Druga bješe prozračna ideja
Izvajana na kristalni šator, —
Svemoguća poezija tvorca.
Okrunjena krunom tvorenija;
Sve krasote koje biće ima
I um tvorca sjajni, bespredjelni
Koje vidi u carstvo svjetlosti
Pod tom krunom bjehu okrunjene,
Na tom licu bjehu izražene
U sjajnosti svetog sovršenstva.

Plan nebesah pred sobom gledâše
I prelesti pravilnoga vkusa.
Hiljade ti božijeh duhovah
Zanešeni njojzi revnovahu;
Opiveni njenom poezijom
Po blijedom tumarahu sv'jetu
I stvarahu različne predmete;
No prividna njina tvorenija
Bježahu im od slaboga vida,
Kâ što kule snoviđenja bježe.

Iznad tihe nebesne ravnine
Milioni lećahu šarovah
Na uredna kola i redove,
Kolik' luna na teleskop vidna,
A lunina cv'jeta i svjetlosti.
Na njih bješe besamrtna ruka
Različite izvezla planove,
Pobijede i veselja neba,
Sa bojama raznim ukrašene
Te u prozrak veselo blistahu.

„Ah, čestiti stvoritelja sine!
Čudesnoga ovoga viđenja!" —
„Svaki večer — hranitelj mi kaže —
Nove, divne, besmrtne ideje
U našu se sferu svijetljaju;
I dan svaki neba sveštenoga
Nas čestita novim naslađenjem,
Novi glasi besmrtne muzike
Naša kitna polja potresaju
Novom slavom tvorca mogućega!"

Usta angel na zefirna krila,
Povede me unaprijed malo
Kod jednoga istočnika malog:
„Tu ti sjedi i vode se napij
Sa bistroga toga istočnika;

Ona će ti upravo otkriti
Strašnu sudbu tvoga padenija!"
To izreče i hitro poleće
U svijetle svoje legione,
Kâ zvijezda s zapada k istoku.

Odlazak me moga hranitelja
U plačevnu tugu povrgao,
Kâ siroče, kad se oca liši
I ostane u svjetskom metežu
Na proizvol neobuzdne sudbe.
Po dugome mračnom tugovanju
Napijem se vode s istočnika, —
Otkri meni nesretnju sudbinu,
Kâ predmete što za sobom vidiš
U svijetlom licu ogledala.

PJESNA III

Svemogući na tron sjedijaše,
Tajinstvenom ukrašen porfirom,
Tvoritelnom zanjat poezijom;
K prestolu mu sv'jetlome mirovi
Iz mračnoga carstva iznicahu,
Kâ u noći od strašnog požara
Kroz oblake od gustoga dima
Što rojima izbježaju iskre
K svodu divnu neba plavetnoga,
Prezirući nesnosnu stihiju.

Bješe sveta kruna mirodavca
Svojim vidom nebo ukrasila,
Bjehu njenim plamom veselijem
Uzigrala nebesna svjetila
I srebrne struje besmrtija.
Dva vojvode nebesnog vojinstva
Odlećeše k prestolu višnjega
Na ognjene svoje kolesnice,

Sprovođeni s mnogo legionah
I s grmljavom nebesne muzike.

Hod se njihov upodobit može
Hučnu hodu dva morska vojvode,
Kad se dignu na bijela krila
I veselim lete okeanom,
A oko njih u dugačke vrste
Igrajući prosiplju s' valovi;
Tako divno nebesno vojinstvo
Dva vojvode svoje sprovođaše.
U dvor sjajni uđoše vojvode,
A vojnstvo se s slavom hučnom vrati.

„Ah, preblagi oče besmrtija" —
Reče Bogu Mihail arhangel, —
„Besprestano tvoj um presvijetli
Tvoritelnom blista poezijom;
Žertva ti se blagodarenija
Na sve sjajne sažiže mirove
U čistoti lučah ognjenijeh:
Al' za tvoje silno popečenje
I za tvoju nježnost otečesku
Malene su žertve tvorenijah." —

„Izabrano moje tvorenije,
Ti si sunce među duhovima,
Samo tebi jedan je podoban." —
Reče njemu tvorac svemogući, —
„Ja sam jedan koji stvarat mogu
I koji sam svemogućstvom vjenčan;
Jednome je sve pokorno meni
U prostore i za prostorima;
Da od svete odstupim dužnosti
Mrake carstvo bi ostalo vječno.

„Bi mirovah čislo, neponjatno
Nikom drugom do meni samomu,
Pod haosne ostalo oblake
Zakopano u njedra mračnosti.
Koliko sam ja posla imao,
Dok sam vr'jeme oteo mrakama
Iz njinoga lanca i tavnice,
Puštio ga da leti svobodno
Po opširnoj državi vječnosti
I po carstvu svijetloga lica.

„Bješe grdno jednom mračno carstvo
Svuda svoju vladu raširilo,
I njegovi nakazni likovi
Ulazahu u polja nebesna
(Te grdobe i tijeh izrodah

Do ja niko voobrazit ne zna);
Samo što se sveštenojzi gori
I mom tronu primać ne smijahu,
Jer ih moji plameni pogledi
Sa užasom strašnijem drobjahu.

„Ove grdne mase nesmislene
Pokorne su meni vazda bile
I u svoju mračnu kolijevku
Na slomjene svoje kolovrate
Od vida mi strmoglav skakale;
No njenijem mrtvijem pravilom
Češće bi se putah izvlačile,
Dokle digoh krunu nad prestolom.
Udar ovi, prvi i najsjajnij'
Njihovo je razdrobio carstvo.

„Pob'jeđene mojom krunom sjajnom
Sakriše se u guste gomile
U prostore mrtvijeh bezdanah;
Tamo svoje mrtve i plačevne
Satvaraju sa smrću figure
Po gnusnome njihovome vkusu.
Što se više tvorenijem pružam,
Sve se njino carstvo umaljuje;
Vrijeme će i k toj c'jelji doći
Da se bezdne mračne osvijetle.

„Zažegâ sam ja plamene bure
U predjele noći i haosa,
Te mi bude sunca i mirove
Od sna hladna i prevječitoga.
Tamo svjetlost užasne pobjede
Nad nijemim carstvom održava,
Rasprostranja svijetle granice
I poziva na slatko bitije
Iz smrtnoga opširnoga lona
Mnogobrojne zatočnike tame." —

„Istočniče, sreće besmrtnijeh
I nadeždo prava i svijetla
Usopšijeh u bezdne mirovah
Kojijema slijepo mrtvilo
Ne da poznat velikoga tvorca
Otečesko blagoutrobije!" —
Reče Gavril ocu besmrtnome:
„I na njine nebrojne likove
Zaždiće se žertva k tvome tronu,
Sve će tebi plamat priznanošću!" —

„Načelniče gustijeh redovah,
Sjajno sunce među besmrtnima!
Kad plamovi zrakah svijetlijeh

Noćne mase i njezino lice,
Sažde ognjem svojim svijetlijem
I ràsplačû u svijetle zrake,
Mračne točke kad nigđe ne bude
Do predjelah niti za predjele,
Kad joj oblik pregnusni pogine,
Kad svi kraji zaplamte svjetlošću,

„Dva vojvode, nebesni prv'jenci!
Tad će opšti tvorac počinuti
I svoj sveti zavjet ispuniti;
Tad će miri i prostori strašni
Slatkoglasnom grmjet armonijom
Vječne sreće i vječne ljubavi;
Tad će moja otečeska duša
Rado priteć k slatkome pokoju
I besmrtnom gledat dovoljnošću
Srećom svoje tvari okrunjene." —

„Ah, sveopšti oče blagodušni!" —
Jednim glasom oba arhangela —
„Imajući takvog tvoritelja
Veličestvom neizmjernim duše
Koja svakog dobra sovršenstva
Nadvisuje i u sebe hrani,
Trebalo bi da sve guste mrake,
Svi mirovi u njih zakopati

Pohitaju voskrsenjem sami
Da ti pređe sv'jetlo lice vide." —

„Dva vojvode sv'jetlijeh polkovah!
Ja sam — kaže — sam po sebe bio.
Bit po sebe već ništa ne može,
Jer je protiv zakona prirode
Koja pečat moj na lice nosi.
Sve nek krače svojijem vremenom
Koga vjenčah na besamrtije —
Trenuć su mu v'jekah milioni,
Koraci su moji božestveni,
No ja mogu to nazvat prostorom.

„Dva najsjajnij' moji tvorenija
Među svjema besmrtnim dusima!
Kako ime opširnog prostora
Razumjeti vama se dopušta?"
Mihail mu tihim glasom reče:
„On je tebi jednome izvjestan;
Evo kako ja o njemu mislim:
Šar nebesa prestolodržnoga
Najsjajnij' je i najveći, zna se —
Sredina je on prostora svega.

„Oko njega kolah nebesnijeh
Milioni voobražam da su;
Neka čislo i umnožim kolah
U najveći stepen sčislenija
Što besmrtno tvoje tvorenije
Voobrazit svojim umom može —
Nasijata kola sa suncima;
Svako sunce predvodi mirove
Kolika si kome obredio,
A mir svaki svoju sferu ima.

„Među kola mećem rastojanje,
Radi slave božeskoga vkusa:
Kola dalja bliža obuzimlju,
Kâ šar veći što obuzme manji;
Stoga kolo što je koje dalje
Jeste više suviše šarovah.
Iza ovog te sam iskazao,
Ja dopirem do granice mrakah,
Mrakah mećem koliko svjetlosti;
Ja ovako prostor razumijem.” —

„Arhangele uma visokoga
Kâ duh jedan dovoljno se dižeš
I čest tvome činiš stvoritelju”,
Mogući mu tvorac odgovara —
„Al' prostora ne znaš značenije:

Prostor mrakah i prostor svjetlosti
Koje umom tvojim voobražaš —
Da se c'jela ova dva prostora
U šar jedan zrakah svijetlijeh
Preobrate i pravilno sliju,

„I šar ovaj da se pruži pravo
U najtanju što mož postić žicu
Preko ravni užasna prostora, —
Ovaj prostor što bi ova žica
Sa tančinom sv'jetlom proniknula
U prostoru onom užasnome,
Koga kraje ja jedan postižem,
Bi ti bio samo jedna točka!
Um je samo jedan bez granice,
Svi su drugi kratkovidni umi. —

„Čudo mi je" — svemogući reče
Vojvodama neba sveštenoga —
„Đe mi u dvor s vama nije došâ
Drug vam činom jednaki Satana;
Jer ste često skupa dolazili,
Kâ nebesni vojenačalnici.
Istina je, svi besmrtni dusi
Da svobode prava uživaju,
Svašto rade što je njima drago
Po lakome i svetom pravilu." —

„Svjetilniče, pravdom okrunjeni!” —
Gavril reče ocu prevječnome —
„Pravila su tvoja osveštana;
Njihovijem premudrim poretkom
Plan se krasi neba i nebesah.
Mi vječitu sreću uživamo;
Satana je, naš drug blistatelni,
Na svojemu ostao prestolu,
Među svoje velike polkove
Njihan horom besmrtne ljubavi.”

„Arhangeli prvoprestolnici!
Ja ću vama otkrit nešto sada
Što će duše uskolebat vaše;
Gorda se je duša Satanina
Oblačila u haljinu crnu;
Slavoljubni ovaj vojevoda
Mir nebesni pokolebat hoće
I u vječnu nizvrć pogibiju
Sebe samog i svoje polkove:
Gnjev pravedni oružje je pravde!

„Ova gorda i pakosna duša
Zla je ime u sebe začela
I razvila zname stradanija.

Zla njegova viđu posljedstvije,
I pogipše tvari sožaljujem;
Al' je ime neblagodarnosti
Sprama oca pogreška najveća:
Svete pravde strogi su zakoni,
Sve je dužno njima sljedovati,
Prestupnike moj bič nakazuje.

„Grdnu dušu zlom opojenika
Mračne bure uskolebale su;
Nesmislenik gordi pomišljava
Da ga nije moja moćna ruka
Na tron gordi iz ništa popela,
Jere bi ga mrake zacarile,
Božeski mu prestol uzdignule,
Pa on tamo po svojojzi ćudi
Da sastavlja novi krug nebesah
I da dava v'jence besmrtija!

„Rob gluposti, vrag poretka opšteg,
Svemogućstva važnost ne poznaje.
Mene li se stidi čestvovati
Kojino sam mogućijem slovom
Šar veliki neba blaženoga
Utvrdio na lakom vozduhu?
Kojino sam okean vozdušni
Nasijao sjajnim ostrovima

I vjenčâ ih svetim magnetizmom
Te pogledom jedan drugog drži?

„Zakoni su opštega poretka
Moj amanet a život prirode;
Da ih počnu svi mirovi rušit,
Moja bi se silna na njih ruka
Oružala s užasnijem gnjevom:
Ja bih sve njih u grdne komate
Razdrobio, u bezdne zajmio,
Pa bih druge iz nova svjetove
Iz mračnoga lona voskresnuo
I na kola okrunio njina.

„Duh lukavi i zlom zadojeni,
On je svojoj pogubnoj namjeri
Sve polkove svoje obratio,
Adama je na zlo prevlastio,
Od vas činom mlađega vojvodu,
I legion njegov mnogobrojni.
Adamova lakovjernost grdna
I njegova nepostojnost lika
Baciće ih u plačevno stanje
Što i narav ni u snu ne snila.

„Satanine mračne namišljaje
Vidi moje svevideće oko:
On je bunu zažeć namislio
Na ravnine neba opširnoga.
Slijepa mu smjelost pokazuje
Da će vaše sile pob'jediti,
Mene silom prestol ugrabiti,
Prekinuti mirodržni lanac
Pod mojijem privezani tronom,
Sve u mrake utopit mirove.

„Osl'jepljena duša zločestijem
I vječitom svojom pogibijom,
Misli sa mnom vladu dijeliti,
Dijeliti svemogućstvo sa mnom,
Posl'je skupa mirotvorci da smo.
Adamu je počest obećao
Posl'je nas dva najvišu na nebo;
Vojnika je od obadva lika
Obećao svakog okruniti
Po nad jednim velikijem mirom." —

„Ah, presilni i preblagi oče!" —
Arhangela oba jednoglasno —
„Čudo da nas u kristalne stupce
Te krajnosti dvije ne smrzoše
Kod tvojega trona presv'jetloga —

Premogućje tvoje božestveno
I sljepota duha Satanina!
Ko da s tobom, oče, silu mjeri?
S tobom kome od jednoga slova
Ustrepeću bezdne i mirovi!

„Ah, presveti, milostivi tvorče,
Slabo naše usliši molenje
Za preblagost božestvene duše!
Tvoj pravedni gnjijev zaustavi
Od vječnoga onog nesretnjika
I zlijeh mu u zlo pomotnjikah
Te su na prag došli pogibije:
Atom uđe u sunčanu zraku,
To li neće u nemirnu dušu;
Dâko dođu k sebi izgubnici!" —

„Otrovnošću nadojena duša
I zavišću sl'jepom zapaljena"
Reče tvorac vojenačalnic'ma —
„Put istine nigda viđet neće
Ni vkusiti sreće besamrtne.
Ko pravdine popire zakone
Karatelja ima užasnoga;
Satana je lišen svetilišta,
Na gnjev tvorca obratio strašni,
Zlu vječnome podigâ katedru.

„Do kakve je on došâ gluposti:
Da prekine lanac mirodržni!
Šta će tužna pomislit budala:
Da je lanac mirodržni svezan
Za almazne nebrojne stubove
Te se vise u mojoj palati?
Ne zna da je lanac mirodržni
Svemoguće slovo stvoritelja,
Koje prostor puni mirovima
A mirove sretnim angelima!"

PJESNA IV

Dan k večeru bješe već nagnuo
U cvijetne nebesne ravnine,
Dva vjenčana slavom polkovoca
Uljegoše u guste polkove
Vraga neba a nesreće oca;
Kâ dv'je lađe krilah nadutijeh,
Kada idu uskijem kanalom
Kroz pokrite snijegom ravnine
Tako oni kroz bijele mase
Pogubljene vojske prolazahu.

„Ah, Satano, ravnočini brate" —
Mihail mu poče govoriti —
„Kakve čerte viđu ja pogubne,
Na tvoj obraz, i na sve ostale!
Zar se jesi r'ješio doista
Ispitati gnjev pravedni tvorca
I u vječnu povrć pogibiju
Sebe samog i sve legione

Te su tvojoj vlasti potčinjeni
I tvojojzi kruni arhangelskoj?

„Zar se smiješ vragom zlijem nazvat
Oca svoga i oca mirovah,
Koji te je iz jednog atoma
U vječnoga pretvorio duha,
Okrunio krunom arhangelskom,
Da uživaš vječite sladosti
U predjele neba blaženoga?
Ah, Satano, obrati poglede,
Viđi prestol oca prevječnoga:
On je starij načala i konca!

„Obrati se, duše izgubljena!
Prolij tople suze pokajanja
Pred opštijem tvorcem milosnijem;
Poznaj ime svemoguće što je
I značenje tvoje prama njega;
Izžen' tamu iz slijepa uma
I zlu zavist iz pakosne duše!
Blagi tvorac mnogomilostiv je,
Oprostiće tvoje zabluždenje,
Pričislit te u vječno blaženstvo."

„Ne, ne!” — glasom krupnijem progrmje
Zli gubitelj dušah besmrtnijeh,
Da ga čuje stan buntovni cjeo; —
„Mihaile, podobni mi činom
Ali duhom mnogo niži mene,
Jer ti duša, kako moja, nije
Blagorodnom gordošću zaždena, —
Proštenija ne ište Satana:
Blagorodna moja namjerenja
Nebo čuje, a znaće mirovi!

„Grka su mi sva blaženstva neba
Dok postignem moje namjerenje
I pravilo drugo biću dadem;
Ne poznajem ime svemoguće,
S kojijem mi toliko grozite.
Rad česa je vaš vladalac gordi
Mene od sna budio vječnoga
I družinu moju blagorodnu,
Kad nam krune samodržavija
Stavit nije na glave mislio?

„Ja bih volij’ da sam vječno ostâ
U sna mirnoj vladi i naručju
Sa svom svojom svijetlom družinom,
Nego đe sam na svijet izišâ
Da umnožim gordost ponositu

Nesnosnoga moga protivnika.
Neće nigda Satanina duša
Umnožavat slavu protivnika;
Neće nigda Satanina usta
Pohvale mu slova izglasati.

„Već je hitra Satanina duša
Mračnu tajnu divno razgledala,
I u nju sam čisto razabrao
Prošlu sudbu gordijeh nebesah,
I kako je gordi vladac neba
Svemogućstvo sebi prisvojio
I prostorom strašnim zavladao.
Moga bića čitâ sam pričinu
I sudbinu moju svukoliku
I družine moje blagorodne.

„Što se gordi neprijatelj diči
Da je tobož mene satvorio
I svijetle moje legione:
Tajni slučaj naš je otac bio;
Navlaštito nas je satvorio,
Da pravilo biću sačinimo
I gordosti metnemo granicu,
Da s gordijem vlacem nebesnijem
Dijelimo vladu i mogućstvo,
Da imamo svi jednaka prava.

„Strašna sudba prvijeh nebesah,
O kojoj je pomislit užasno,
Ona dade smjelom grabitelju
Slučaj zgodan, te prostor zavlada
I prisvoji ime svemoguće
Svojom voljom, svojim soglasijem.
Ovo strašno padenje nebesah
Načalo mu u tmine unese,
Tme vjekovah vječno neprohodne
Oko njega nagomila krugom.

„Prostor cjeo u stara vremena
Bješe sv'jetlim zasut šarovima,
Lica tame nigđe bilo nije.
Šar svakoji jedne veličine,
Sa našijem svaki jednak nebom
U svjetlosti i u opširnosti.
Visio se u svaki šar prestol,
Kako što je naš prestol vrhovni,
Na prestol je u svakoje nebo
Vladac bio jedan okrunjeni.

„Veličinu prvijeh nebesah
Iznenada rok užasni stiže:
Nekakva ti pogubna sudbina

Uskoleba prostor i mirove,
I bure se strašne razgrmješe
U prošloga okeana njedra;
Mirogubni stresi začestiše,
Čas suđeni zazvoni svjetlosti;
Na veliku i užasnu žertvu
Gladne bezdne otvoriše usta.

„U trenuće oka laganoga
Sva božestva s prestolah padoše;
Svi strmoglav miri polećeše,
Svi se hukom stravičnom skrušiše
Na žertvenik mračne vladalice.
Pozorišta toga prestrašnoga
Svi umovi predstavit ne mogu;
Kad itahu k pogrebu šarovi,
Jedan drugog u let razdrabljahu,
Na komate lećahu k bezdnama.

„Svi mirovi s opširna prostora
K pogibiji vječnoj odlećeše,
Jedan samo što nevredim osta
Po nekakvoj slijepoj sudbini,
Na kome se gordi prestol visi
Protivnika moga užasnoga.
E kud sreća da je i on tada
U grobnicu panuo mirovah

I premirne da je noći carstvo
Svud svjetlosti pogasilo zrȁku!

„Na zlu sudbu palijeh nebesah
Noć i pustoš carstvo uzdigoše;
No slijepe ove vladalice
Besilne se odmah pokloniše
Upornome svome soperniku.
Djejatelni vlastitelj nebesni
Iz haosa zdrobljenih nebesah
Poče male stvarati mirove,
Slabima ih punit žiteljima,
Kako će mu sve pokorno biti.

„Evo slučaj” — sa užasom kriknu —
„S kojijem je smjeli vladac neba
Svemogućstva ime polučio,
Al' Satana otkriva tainu!
Na opširne nebesne ravnine
Ištem vladu da podijelimo
I nebesa pala vozdvignemo.
Prvi zakon da prirodi damo,
Nek se svaki sa vrhovnom vlašću
Na svom nebu gordi i veliča!

„Znam ja silu moga sopernika
I njegovo postojanstvo strašno,
Al' se kunem svijetlim oružjem
I mojijem nepobjednim štitom,
Sa hrabrošću mojijeh vojvodah,
Svim oružjem moga legiona,
Iskrenošću lika Adamova,
Da namjeru ispunit hoćemo
Al' svi žertva biti blagorodna:
Vječan pokoj vječno je blaženstvo!"

Vožd pogubni kad riječ izreče,
Punu k tvorcu otrovne zavisti,
Milioni jeknuše glasovah
U razvratne, odmetne polkove:
Pozdravlja ga s udivljenjem svaki,
Jednoglasno vjernost izražuju.
Koleblju se gusti legioni
Kâ po ravni sazrela žitija,
Koja kosu k pogibiji bruse
Kad ih ludi uzmute vihori.

„O zavisti preotrovne žertvo,
Vinovnici vječne pogibije!"
Gavril poče arhangel zboriti;
No hulenja hiljade krikovah
Na višnjega i na dva vojvode

Oko njih se počeše horiti,
Gavrilovu riječ presjekoše.
Digoše se dva vjerni vojvode,
Na zefirna polećeše krila
Među svoje blažene polkove.

Satanini zloumišljenici
Idu k njemu s opšteg dogovora:
Alzzenk, Ilzhud i Alzavalg gordi
Obenizrem i Jaobaz zlobni,
Zlome caru tešku krunu daju,
S kojom krune svoju pogibiju
Opštom voljom izgubljene vojske.
Zli vladalac kad se sa zlom vjenča,
Pozdravi mu odsvud zagrmješe, —
On vjernosti gordo zahvaljuje.

Evo Adam, evo Noelopan,
Evo Razec i evo Askela,
Od njihova nesretnjega lika
Otpadnika neba pozdravljaju;
Kunu mu se bit družina vjerna
Samo svoju riječ da održi —
Da ih kruni samodržavijem
Po nad jednim, kâ je rekâ, mirom.
Ah nesretni rode slavoljubni,
Skupo li te ta pogreška stade!

PJESNA V

Tihi pokoj neba blaženoga
Provrže se strašnim pozorištem:
U nj se raspre razviše znamena,
Krikovi ga hore hulenija,
Rat krvavi u nj je uzavrio;
Legionah stravična kretanja,
Slavom ratnom opitijeh ljutom,
Koleblju ga opštim dviženijem, —
Vrag je neba grdni pohitao
Da ispita nakaz zasluženi.

Dva višnjega vjerni vojevode
Pripravljaju hitro legione,
Žedno hite krvavome boju,
Raspaljeni gadnim hulenijem
Mračne duše neba odmetnika.
Dugački se rede legioni
Na poljane neba prostranoga
S obadvije strane naporedu;

Drugi stoje kâ mase oblačne
Na vozduhu k boju pripravljeni.

Vid podobni oku predstavljaju
Pogled gordi sjevernih ljesovah,
Kad ih zima u kipu obuče,
I nad njima na prevedrom nebu
Kad se oblak napoli razdvoji
Te u dvije nepregledne mase
S dva protivna uzmućena vjetra;
Vid ti takvi dva strašni vojinstva
Predstavljahu na polja nebesna,
K krvavoj se borbi gotoveći.

Lomnom jekom vojničke muzike,
Sprovođenom ratnim vosklicima,
Zatutnješe nebesne ravnine.
Boj se uždi među besmrtnima
U najviši stepen svirjeposti;
Revnivi se nadskaču vojvode,
Ko će veću hrabrost pokazati;
Vjerni tvorcu kazat usrdije,
A nevjerni k c'jelji naprezaju
Da svemoćnim tronom zavladaju.

O sljepoćom opojena zlobo,
O zla žertvo duše izgubljene,
Rat ste digli na svemogućega!
Bi nesretnji morehoci pređe —
Pòstignûti korabljekrušenjem
Na sredinu bučna okeana,
Kad okrenu suncu na rađanje,
Tražeć u njem sebi spasenija —
Pređe sunce rukam dokučili
No vi moćnim tronom zavladali.

Svi ledovi dva protivna pola
Te na dvije mase počivaju
I slomjeni naporom vjetrovah,
Te u sante idu i komate
Po prostoru nemirnijeh poljah,
Ne prosiplju toliko strijelah
Kâ dv'je vojske jedna protiv druge,
Ne kazuju toliko poloma
Kâ u borbi što nebesnoj vidiš
Izlomjena štita i oružja.

Dva dni sv'jetla, dvije noći sjajne
U jarosti boj jednaki traja;
S obje strane besmrtne vojnike
Na gomile vidiš povaljene,
Svi u ljute rane ogreznuli;

Ma se napij vode besmrtija,
Malo tuguj pa izdravi odmah.
Na hiljade udvoji se vide
Po vozduhu i po ravninama
Bez velike mješanije masah.

Koplja, mači i plamene str'jele
Angelskom su krvlju obojeni,
Manji, viši besmrtni vojvode
Na ognjenim lete kolesnicam,
Opojeni vojničkom hrabrošću,
Strašnu borbu vojsci pokazuju;
Mnogi, ljutim pòstignût ranama,
Svȑgnût padne s svoje kolesnice
Na ravnine među redovima
Dvije vojske krvlju okupate.

Treće jutro pozorišta strašna
Kad zaigra u polja nebesna,
Adam s likom svojijem odstupi
Iz nesrećna boja pogubnoga
Sa dubokim duše pokajanjem.
Na njega se s žestokošću srde
Noelopan, Razec i Askela
I ostali mnogi prvijenci
Što imenom stidnoga izdajstva
Čest pomrači svoga legiona.

„O potčini meni vojevode
Kojeno je slavoljubje sl'jepo
I plamena slava brana digla
S soglasjem mojim vojevati
Na svojega svemogućeg tvorca,
Ne dižite glasa protiv mene!
Pogrješku sam pozno grdnu poznâ,
Bezrasudno naše zabluđenje
I što važi ime svemogući —
Grob je otprt naše pogibije!

„Na ognjenoj leteć kolesnici
Pred svanuće san me laki stiže:
U njem viđeh strašno vidjenije
Na nakazu tvorca razgnjevljena.
Ta je sila i gnjijev pravedni
Moju tužnu zabluđenu dušu
Uplašila i oledenila.
Strašno bješe ludu prestupniku
Svevišnjega oca mogućega
Obučena gnjevom pogledati!

„Posl'je strašna njegova karanja,
Koga nebo jošt viđelo nije,
Legioni dva vjerne vojvode

Zabunjena pognaše Satanu
I njegovu izgubljenu vojsku,
Na granice neba doćeraše,
Ugnaše ih u bezdnu nesitu
Rasplamanu smradljivom stihijom:
Bogomrski car sa svojom vojskom
U goreću potonuše bezdnu.

„Bič pravedni svemoguće ruke
Kada ugna odmetnika neba
U kipeću plamenom pučinu,
Onda vojnstvo pobijedonosno,
Predvođeno s dva svoje vojvode,
Na nas silom nepobjednom udri,
Zajmi i nas strašnijem kricima
Iz nebesnog blaženog žilišta
Tragom našeg zloga prevlasnika,
Zlu pobjedu da s njim dijelimo.

„Sveto slovo premilosna oca
Nas s granice vječne pogibije
Svemogućom voljom zaustavi.
Vjerni nebu tada legioni
U okove teške i plačevne
Sve nas listom okovaše jako,
Na šar mračni neobdjelan neki
Nas baciše, da lance nosimo,

Đe blaženstva spomen iščezava,
Đê mračnošću sfera uzbunjena!”

Zla pričina i zla predvještatelj
Kad zlu sudbu legionu kaza,
Na njihova božestvena lica
Vocari se uhilenje mrtvo,
Pogibe im živost božestvena
Na dviženja i na njina lica.
Vid familje čisla velikoga,
Kad se liši svijetle nadežde
I s groba se uhiljena vraća,
Predstavljahu polci Adamovi.

Vrag nebesni sa sl'jepom jarošću
Sve jednako bitku produžuje
I sve žešću i očajaniju.
On užasne primjere hrabrosti
Kazivaše na poprištu bojnom;
Oko njega strašne mješanije
Predstavljahu tušte besmrtnikah.
Trudno bješe neba otpadnika
I vojene njegove polkove
Nadvladati u krvavoj bitki.

Treći danak sa stravičnom hukom
Već prebježa ravnine nebesne;
Večerom se dva vojvode vjerni
Predstaviše tvorcu pred prestolom:
Premilosna oca umoljaju
Da oružja od obije vojske
Smrtonosnim naostri udarom:
„Već hulenja — kažu — Satanina
I njegove nerasudne vojske
Nas su vrgla u očajanije." —

„Neću — kaže — dva vjerni vojvode,
Zavjet sveti vječno narušiti:
Što sam jednom vjenčâ besmrtijem
Smrtnu kosu ispitati neće!
Zlobom k nebu vrage opojene
Ja sam čekâ na pokajanije;
Mislio sam da će se sjetiti
Dara moga, vječnoga blaženstva,
I dužnosti tvari k tvoritelju,
Neba slatkog uveselenija.

„Jer angela jednog nebesnoga
Da uliješ sveto naslađenje
U gordi stas kedra nebesnoga,
Bi bezdušni velikaš sadovah
Poletio po nebesnoj sferi

Al' se s vrha do dna rastopio
Od preslatke duhovne naslade;
Al' zavišću duše sledenjene
Blagost tvorca jesu prenebregle,
Lišile se vječno naslađenja.

„Već su v'jesi, sveti oblik pravde,
Zlom svojijem grdno prepunili,
Nagnuli ih k svojoj pogibiji.
Dan četvrti sjutra će granuti
Na njih strašnim gnjevom nakazanja
I vječite njine pogibije;
Čuće sjutra udar svemogući,
Tr'jesk će njegov ispitat užasni,
Sjutra će se odzvat slava tvorca,
Vi joj sjajnu likovat pobjedu.

„Sva nebesna kola mirodržna,
I dvižima i nepodvižima,
Praznovaće sjutra u horima
Udar strašni moguće desnice.
Grdne bezdne, mračne i nijeme,
Snom vječnijem mrtvo uspavane,
Sjutra će se zatrest jekom slave
Presilnoga protivnika njina,
Hoću sjutra udar dati strašni,
Da ga i ja mogu nazvat silnim!

„Nepravda je Satanine duše
Zla šar crni u vozduh izvela:
Ad se zove, zlosti mučilište,
Zloga cara mračno vladjenije.
Vrag se neki crni u njem neba
Gordi adskim samodržavijem:
Zaslužena to mu je nagrada
I njegovu zlobnu legionu,
Što su s' digli nebom zavladati,
Višnjeg tvorca prestola lišiti.

„Šar je ovaj dosta pogolemi,
Jedna masa crna i plačevna,
Sostav noći i vječnog ridanja.
Dv'je stihije u njem su užasne,
Razljućene najvišom krajnošću —
Stud i oganj, razduti burama,
Sprovođeni strašnim olujama,
Na sve kraje carstva Satanina
Strašnom hukom hore neprestano
U protivne svoje vihorove.

„Stiks je carstvo zločestiva cara
Sa svojijem kipećim volnama
I smolnijem smradnijem plamenom,

S ledovima, s užasnim mrazima
Devetstručnim okružio v'jencem:
Polu carstva smolnim i plamenim,
Polu carstva mraznim i ledenim.
Ovaj grdni mnogostručni v'jenac
Vri stravično u svoje krugove
Sa ljutošću svojom mučitelnom.

„Kocita će plačevni valovi
Tamo poteć sa vodom nečistom
Mučenija neba otpadnikah,
A za njime Flegeton i Mente
Sa ljutošću ada nesitoga.
Među dvije protivne stihije
Tamo teče tajni potok Lete;
Na njem straže kćeri Gorgonove,
Da pregnusni neba odmetnici
Od struje mu prijatne ne vkuse.

„Mučitelno vraga neba carstvo
Niskijem je svodom nadneseno
Kruta tuča neobdjelanoga;
Pô njega je okean veliki
Smolne smradne vode zauzeo,
Koja kipi s užasnom ljutošću,
Pružajući blijede plamove,
Smrtne strave i vida punane,

S plamovima kola dima smradna
Te miješa mrake sa bl'jednošću.

„U njedrima gadna okeana
Hiljadu se nadimlju volkanah,
Izrigaju s muklijem ječanjem
Nad povrhost duboke pučine
Strašne vitle dima i plamena,
O tučnom ih svodu razbijaju.
Kad volkani smradljivo dihanje
U utrobu raspaljenu vrate,
Za njima se užasne propasti
Pune dima i plama otvore.

„Svi bregovi kipeće pučine
Brdima su čestim zasijati,
No golijem, vida plačevnoga;
Iz njih biju stravični volkani
Koji žednu i mračnu utrobu
Pune gadnom smjesom okeana
I opet je na mračnu pučinu
Okeana istoga morskoga
Bljuju s jekom krupnom i užasnom
U oblake dima i plamena.

„U tartaru, carstvu huliteljah,
Priroda je sve užase svoje
Sa jarošću najvećom ulila;
Priroda je tamo poselila
Sva strašila u bezobraziju,
Te bjesuju i za žertvom riču
U mrakama po gadnim volnama.
Tamo hidre strahovite fište
Mnogoglave na velika jata
Dignutijeh nad pučinom glavah.

„Tamo mrske bez broja ehidne
Iz prostrane i žedne utrobe
Dižu mukle i plačevne glase;
Himere su tamo i drakoni
Na velika stada razasuti,
Sa užasom lete po pučini
Dug prirode strašni da ispune;
Tamo zmije veličine grdne,
Krokodili, gadna čudovišta,
U mrakama čekaju Satanu.

„Tamo lete užasne furije
S krikovima adu priličnima:
Smirit sebe u mrake ne mogu,
Iako je njihova stihija,
Jer ih muči zla ćud i opaka,

Da mučenje svoje uspu crno
Na slijepe neba mutitelje.
Zlost njihova prevoshodi mnogo
Svaku ostrost zuba u tartaru,
Svako žalo repa otrovnoga.

„Mračnoga je polovinu carstva
Grozna zima vječno sledenila,
Tamo mrazi u stepen najveću
Žitkosti su vodne skamenili,
Mećave se hore kolačima,
Svakog časa gorda brda penju,
Svakog časa raznose ih hitro,
Ràzvijajû u ljute vihore;
Tamo magle punane snijega
I krupnoga spuštaju se gràda.

„Dva vojvode, vjerne moje sluge!
Huče strašno adski uragani,
A vulkanska mračna grla ječe;
Riču grdna tartarska strašila,
Zveče lanci s jarošću uždeni,
Buče volne s mučiteljskom bukom —
Sve glas sliva pod svodom mračnijem;
Tutnji tartar iz mračne utrobe
Strašnim grlom zlog opštega glasa —
Sve za žertvom huliteljah čezne!”

Pošto riječ svemogući svrši
I objavi vjernim vojvodama
Strašnu kaznu i pogibelj vječnu
Vraga neba i soputnikah mu,
Arhangeli s blagogovjenijem
Od višnjega odoše prestola
Među vjerne nebesne polkove,
Koji strašnu i krvavu borbu
S carem ada jednako vođahu;
U boj hučni i oni uđoše.

Na nebu se dan četvrti javi
Sa najvišom bojnom žestokošću:
Šum prolama nebesne ravnine
Zlobne vojske bogohulenijem.
Gorda glava mračna vladaoca
Nepobjednom već mišljaše da je, —
Ne zna da je svoje sudbe čašu
Prepunio crnoga otrova;
Čas ne vidi đe se primaknuo
Da mu zvekne vječnom pogibijom!

U jedan mah kâ da munja sinu!
Tušta velja teškoga oblaka
Bijeloga u jednojzi masi

Tronodržnu svu obuze goru,
U vidu se uredi vijenca
Pravilnoga, no debljinom strašna,
Pa se poče vrćet sa hitrinom
Na zefirna razljućena krila
Oko trona i gore sveštene
Sa potresnom preužasnom jekom.

Svekolike borbe okeanah
Koje čine sa krutim skalama
U najveću njihovu bjesnoću,
Svekolike napore vjetrovah
Što se čuju na zemnome šaru
Protiv svijeh gustijeh ljesovah
Da u jedan glas mogući sliješ,
Jek bi njihov slab veoma bio
Da pokaže krupnu silu glasa
Kojim oblak vitleći ječaše.

Ovo čudno nenadno javlenje
Boj krvavi na nebu prekide;
Svi vojnici, vjerni i nevjerni,
K tronu tvorca pogled obratiše,
Ma nevjerni sve jednako hule
Ime neba i slave Gospoda;
Dok svakoje nebesno svjetilo
Tečenije svoje zaustavi

I svjetlosti svoje polovinu
Svako vrati pod plamenu krunu.

Odjednom se oblak razječani
U dva pola stravično sastavi;
Na njima se odjednom pojavi
Kolesnica kako sunce sv'jetla,
Hiljadama munjah upregnuta
Te je voze na ognjena krila.
Svemogući na njoj sjedijaše
Sa gnjijevom vooružan strašnim:
O kako mu plameni pogledi
Sijevahu s užasnom ljutošću!

Pušti str'jelu sjajnu i krilatu
Iz svojega almaznoga luka
Na Satanu, grdna otpadnika,
Na njegove mrske legione;
I krilata poleće strijela
U ognjenoj velikoj koloni.
Zvek njegova almaznoga luka,
Silnu huku njezina poleta
Nemam čemu nigđe upodobit
Do njegovoj premogućoj sili.

I krilata pogodi strijela
Na sredinu vojske bogohulne.
Tu se s gnjevom ognjenijem razbi:
Hiljade se kroz otpadnu vojsku
Od nje strašnih razječa gromovah.
Car tartara i njegova vojska
Popadaše na polje sraženja,
Poraženi strijelom višnjega
I njenijem plamom opaljeni,
Oblačeni u vječno crnilo.

Od udara ovog svevišnjega
Bezdne hladne zasute atomom,
Koje dosad ime ne poznaše
Do sna hladna i tišine mrtve,
Ne zefira, ne luče, ne glasa,
Sad ih moćna potrese desnica,
Te joj n'jeme iz mračne utrobe
Podjeknuše svemogućom slavom;
Smrt iz svoje prevječne grobnice
Ovaj udar u njima probudi!

Od Gospodnje strijele udara
Potrese se osv'jetljeno biće:
Nepregledna sva nebesna kola,
Mirijade sv'jetlijeh mirovah
Tajnom sudbom i strašnijem stresom

Iz svojijeh kolah iskočiše,
Srojiše se tvorcu oko trona,
Svaki punan besmrtnog vojinstva,
I otada voljom svevišnjega
Postadoše nebesni kuriri.

Svemogući pobjeditelj sjajni
Tek strijelu gromonosnu baci
Iz silnoga i zvečnoga luka
Na Satanu, neba otpadnika,
I porazi nevjerne polkove,
U trenuć se munje upregnute
U sveštenu tvorca kolesnicu
Dúgôm k jednoj sve nàviše strani
Povratiše polet kolesnici, —
Gospod slave na tron se povrati!

Zaigra mu kruna nad prestolom
U cijeloj lučesipnoj slavi,
I ostala nebesna svjetila
Sa živošću novom uzigraše.
Dva vojvode i vjerno vojinstvo,
I sva vojnstva stekšijeh mirovah
U oblačne nepregledne hore
Uzlećeše po blaženoj sferi,
Pojuć slavu pobjednika tvorca
I ljubavi vječite blaženstvo.

Dan četvrti strašnoga javlenja
Mogućnosti Gospodnje desnice
Bješe blizu sveštenog odiha:
Himni svete slave počinuše
I grmljave slatkijeh muzikah.
Legioni u duge redove
Sa poretkom volje svemoguće
Svaki k svome letijaše miru
Te mu ga je Gospod slave silne
Naznačio za vječno blaženstvo.

Dva vrhovna vojenačalnika
Obratiše velike polkove
Da ćeraju neba otpadnika
Iz predjelah blaženog žilišta
U tartarsko mračno vladjenije
Na vječita njina mučenija.
Divna kretnja bješe i stravična
Vjerne vojske i pobjedonosne
K pob'jeđenoj Sataninoj vojsci
I užasom smrtnim obuzetoj.

Otpadnici neba, ustrašeni,
Pred blaženom pobjegoše vojskom
S krikovima strave i hulenja.

Prenesretnja vojska mrake cara
Mrzak li je oblik polučila
Po pravednoj nad njome razrazi:
Crna lica, roge i repove,
Mnogima se rasklopila usta
A mnogima za vrat obrnula,
Jošt izroda svakoga gadnosti.

Nemilosno vjerne sluge neba
Hulitelje svoga tvorca gone,
Zlo ćeraju s svijetloga dana
U kipeće bezdne tartarove,
Na nebesnu dognaše granicu.
Stup veliki mračni sačiniše
Satanini soputnici grdni
Od vječnoga svoga padenija
S sjajnog neba do propasti ada,
Te u strašnom vidu dubijaše.

Tri dana su adski legioni
Neprestano za njinijem carem
Sipali se crnijem potokom
S kraja neba u utrobu ada.
Prestrašno je ovo pozorište
Sve užase mnogo nadvisilo!
Kad padahu kriveći se polci
U dimljiva žvala tartarova,

Žedno tartar drhteći ječaše,
Grdnu žertvu radosno žderaše.

Kad se sabra sila nečestiva
Pod tučnijem svodom raskaljenim,
Uzavreše dreke i krivanje
Od vragovah i od čudovištah;
Činjaše se da ih svod tartara
Neće moći uzdržat nikako,
Nego da će tresnut u komate;
Dok zaurla Cerber iz dubine
Da je stado u svoju torinu
I da straži vrata od tartara.

PJESNA VI

Po pobjedi strašnoj nad Satanom
Veliko se sobranije steče
U palatu cara prevječnoga:
Arhangeli prvoprestolnici
I premnoge hiljade sjajnijeh
Heruvimah i pak serafimah
Blagodare tvorcu mogućemu
Rad povratka blažene tišine,
Za svijetlu njegovu pobjedu
Nad vladalcem zlosti i nesreće.

Svemogući u opštemu skupu
Nakazanje Adamovo javlja:
„Šar ću jedan — kaže — postaviti
Nedaleko od mračnoga ada
Rad vremenog teškog zatočenja
Adamova i njegova lika.
Šar će ovaj bit sastavljen mali
Od haosa i mračne prašine,

Stihije ću na njem poumjerit
A vremenu nepostojnost dati.

„Mir ću grubi ovaj *Zemlja* nazvat,
Biće ona vodom izobilna,
Cijela će biti zasijana
Raznog roda proizrastjenijem.
Na nju će se životne porode
U vozduhu, vodi i na suho
Razne rasut u izobilju:
Tu će biti tihijeh porodah,
A biti će isto grabljivijeh
I otrovna gada puzećega.

„Kako što sam gordu caru ada
I njegovu zlome legionu
Spomen živi neba blaženoga
Rad nakaze veće ostavio,
Tako danas lišavam Adama
S buntovnijem svojim legionom
Blaženoga žilišta spomena,
Da ni jedna najmanja častica
U duše im od njeg' ne ostane,
Kâ da nebo nijesu gledali.

„Za nakazu njihova nemira
Nemirni se njihovi duhovi
U okove blatne tjelesine
Jedan vijek osuđuju kratki;
Neka oni črez judol plačevnu
Lance teške s burama nemira
U stenjanju prenesu gorkome;
Neka svoju nepostojnost grdnu
Sa prokletstvom tamo oplakuju
U suzama i u ridaniju;

„Nek tijela svoja prepitaju
Sa bilijem i njinim sjemenom,
Vodom hladnom i sa životnima.
Njihovo će kratko zatočenje
Bit im tužno nepostojnoj duši:
Sa plačem će na zemlju padati,
Sa plačem će na zemlji živiti,
Sa plačem se u vječnost vraćati;
Mučitelj će jedan drugom biti,
Svaki sebe poosob najveći.

„Smrt ću izvest iz mračne tavnice,
Na zemlju je puštit među njima
Preodjetu u raznim vidima,
Neka stravom između njih trči
Čineć strašna opustošenija.

Ova će ih tiranstva carica
Nemilosno, s užasnijem vidom,
Nasilstveno, po svojemu pravu,
Svoboditi od teškoga jarma,
Te ih vraćat u život duhovni.

„Nepostojne njihove nadežde,
Kad pomisle da su ih pristigli,
Onda će im dalje izmaknuti.
Ova njina pišta prijevarna
Biće sumnjom otrovana ljuto;
Lakovjerni zemaljski sužnjevi
Bič će strašni sumnje ispitati:
Ona će ih svuda sprovodati,
Ona će ih svuda pretjecati
I poglede njine k budućnosti.

„Lice smrtno na zemlji čovjeka
Prilično će biti angelskome,
Samo teke jednu iskru malu
Vdohnut ću mu nebeske ljubavi
U njegovu zemnome plođenju,
Da mu tužnu i kukavu sudbu
Kolikogod ona ublažuje;
Jer on opet, ako i zabunjen,
Sveđer umno ostaje tvorenje
I car zemlje, i ako u ropstvu.

„Čovjek volje ostaje svobodne
Kâ svi drugi besmrtni duhovi;
Njegova će duševna tablica
S obje strane biti načertana
S dva sasvijem protivna zakona:
Na jednu će zakon pravde blage
Bit u svete načertan linije,
Na drugu će prevlasnika njina
Zla svakoga crnjet se zakoni —
Adski spomen sveze sa Satanom.

„Moć će čovjek ova dva zakona,
Kad posveti misli mojoj pravdi,
Bez nikakve muke različiti;
Ali adsko prokletije duha
Čovjeka će češće pljenivati.
Ova borba pravde i nepravde
Što je nebo tri dni kolebala
Biće ona sa svijem užasom
Pečatana na dušu čovjeku,
Da mu ropstvo gorči i koleblje.

„Sa prvijem Adam pokoljenjem
Na zemlji će ljuto postradati
Od Satane dušegubitelja,

(Jer će Adam prvi plot čovječku
Oblačiti i počet nositi):
Zli vlastitelj ada nesitoga
Dovesti će ljudsko pokoljenje
Do gluposti ove preslijepe
Da pohuli na nebesnu svjetlost,
A da mračno ime obožava.

„Jednoga će sunca zrake sjajne
Šar dvižimi zemni osvjetljati:
Moć će ljudi sa svojega šara
Na uzano svoje podnebije
Viđet dosta mojijeh mirovah;
No pogubne mrake Satanine
Njihove će zaslijepit oči:
Mirovi im silom svemogućom
Neće sjati njinim pogledima,
Mirodavca pohuliće ime.

„Na zemlji će hiljade božestvah
Osl'jepljeni satvarati ljudi;
Biće njina ništožna božestva
Sve izrodi u bezobraziju,
Bezumnoga ovog jazičastva
Nečisti će prestol predstavljati
Na glibljivom jednome brežuljku,
Kojega će gadi i životna

Neprestano po vrhu puzati,
Da se biljem pitaju raznijem!

„Ovo nisko ljudsko osljepljenje
Biće zloba duše Satanine
Na pohulu neba i višnjega.
Božestvenu moju dušu nježnu
Zaboljeće sudba čovječeska:
Ja ću slovo moje vozljubljeno
U plot ljudsku posl'je oblačiti,
Poslati ga da izbavi ljude
I zakonom svete moje pravde
Pomračene osv'jetli umove.

„Ja sam otac i svjetilo pravde:
Kada Adam s legionom svojim
Osuđeno izvrše sužanstvo
I prenesu črez judol plačevnu
Smrtni okov tegotnoga ropstva,
Mog zakona posljedovatelji
Vraćaju se u prvo blaženstvo;
A zakona cara zločestoga
U ad idu sl'jepi priverženci
U mrakama vječnog ridanija.

„Posl'je zemlju, užasa katedru,
Pozorište bogomrsko zalah,
Gnjezdilište čovječke nesreće,
Sa nevinom krvlju oskvrnjenu,
Otrovanu gorkijem suzama,
Kojuno će voplji nevinosti
Kod mojega ukleti prestola,
Nju će oganj božestvene pravde
U dan sudnji u jedno trenuće
Sažeć svojim sveštenijem plamom."

Legionah sretnji načalnici
Polećeše od trona višnjega
Na ognjene svoje kolesnice
U vesele nebesne ravnine
Da svetkuju u slatkoj ljubavi
Padenije neba protivnika
I rođenje novog legiona
Kojega je na vječno blaženstvo
Svemogući iz bezdne izveo,
Da namiri pogubljenu vojsku.

Svemogućom voljom mirotvorca
Četiri se vjetra razjariše
U dubine hladnijeh bezdanah,
Te oblake strašne i debele
Od prašine i crna haosa

Iz mračnijeh digoše njedarah,
I sa silom svojom strahovitom
Sa svake ih strane stijesniše
I u trenuć oka laganoga
Šar naš zemni tamni napraviše.

Iz hladnoga zemaljskoga njedra
Istočnici vodah potekoše,
Sačiniše okean opširni.
Luče sunca životvornim vidom
Rastjenija roda svakojega
Na povrhnost zemnu izmamiše:
Uzmilješe stada životnijeh
Po vozduhu, zemlji i vodama.
U čas slovom mogućijem tvorca
Zemlja dobi hitro tečenije.

Adam pređe nebesnu granicu
Sa svojijem žalosnijem likom;
Staviše ih pred vrata vječnosti —
Evo Adam u plot obučeni
Sa podrugom u polja edemska!
Taruć oči od sna zaborave
Pogleduje sjajne luče sunca,
Pogleduje divnu saputnicu,
Pogleduje edemsku krasotu,
Blagodari nebu za milosti.

Oplakujuć moju zabunjenu
I snom teškim obuzetu sudbu,
Vidio sam mrake vladaoca,
U prevarnu zmiju pretvorena,
Đe on puza na zlo čovječestva.
Pramatero ljudskoga plemena,
Otrovnoga dara te prȉhvatȋ!
Kupaćeš ga gorkijem suzama,
Osipat ga plačnim pokajanjem,
Al' badava — zavjet je narušen!

Poslijed sam s užasom vidio
Prvu braću te su pomiljela,
Plod ljubavi prvi božestvene,
Roditeljsku premilu utjehu,
Care mira jednog cijeloga,
Đe sa krvlju bratoubistvenom
Mlado lice zemlje otrovaše.
Zlobo kleta, da te Bog ubije!
Zla porazo roditeljske duše!
Zla predskazo otrovne sudbine!

Prva se je krvlju oskvrnila
Bezakona ruka Kajinova,
Prvoga je sunce vidijelo

Ubojicu Kajina na zemlji,
Roditeljah prvijeh prokletstvo
Na prvoga izlilo se sina.
Kajinovi bezbrojni potomci
Zlom svakijem zemlju ispuniše:
Gr'jeh im diza more nad gorama,
Al' im zloće iskru ne pogasi!

Ah kako je zemlja napunjena
S idolima svakoga izroda!
O kako je lice svemoguće
Mračna glupost obezobrazila!
Tame car se zli obradovao
Videć ime neba podrugano,
Videć ljude đe svakoj mrskosti
Sa tamjanom oltar okađuju,
Videć gadne zmije, krokodile
Da bezumna sljepost obožava.

O nevini sinovi prirode,
O mudrosti prosta najsjajnija!
Do rođenja sv'jeta istinoga
Vi presretni poklonici sunca!
Vi ste vjerni nebesni sinovi,
Vas svjetila luče životvorne
Nose k tvorcu, lučah istočniku,
Luč je sjajna bogoslovija vam,

Luč vam žertvu u nebo uvodi,
Luč vam tvorca osvjetljava dušu!

Gle divnoga sada vidjenija:
Sunce pravde i zemlju ogrija,
Hram se mračni zasja zatočnikah,
Robovima olakšaše lanci!
Sin dostojni oca prevječnoga,
Obukâ se u čelovječestvo,
Naoružan oružijem pravde
I str'jelama svetog prosvještenja,
Popirući zlobu i tirjanstvo,
Dobrodjetelj u hram osveštava.

O preblagi, tihi učitelju!
Slatka li je sveta bistra voda
S istočnika tvoga besmrtnoga!
Od tvoga su sv'jetloga pogleda
Uplašene mrake iščeznule;
Od tvoga su hoda sveštenoga
Bogohulni srušeni oltari;
Voskresenjem smrt si porazio,
Nebo tvojom hvalom odjekuje,
Zemlja slavi svoga spasitelja!

BELEŠKA O PISCU

Petar II Petrović Njegoš, istaknuti pesnik, vladika i vladar Crne Gore, rođen je 1813. godine u Njegušima, naselju koje se nalazilo na severozapadnom delu Lovćena. Na krštenju je dobio ime Radoje (Rade), a njegov otac Tomo bio je najmlađi brat vladike Petra I.

Godine 1825. Njegoš odlazi na školovanje u Cetinjski manastir kod strica Petra I koji ga lično podučava. U jednom periodu znanje stiče i od pesnika Sime Milutinovića Sarajlije koji je u Crnu Goru došao 1827. godine. To što nije išao u pravu školu nije sprečilo ovog krajnje inteligentnog vladara da savlada nekoliko stranih jezika, stekne znanje iz filozofije, istorije i drugih nauka, ali i da se posveti pisanju i književnosti.

Godine 1827. vladika Petar I proglašava ga svojim naslednikom.

Posle stričeve smrti, 1831. godine, Njegoš se zamonašio i primio upravu nad Crnom Gorom. Našavši se veoma mlad na čelu države, suočio se sa sa mnogobrojnim problemima. Na Crnu Goru su pretendovali mnogi stranci, zemlja je privredno slabila, a sve češće je dolazilo i do međuplemenskih ratova.

Dve godine po stupanju na vlast, 1833. otputovao je u

Petrograd da dobije titulu vladike, budući da je tada svaki crnogorski vladar ujedno bio i vladika, tj. poglavar crkve.

Vrativši se iz Rusije, Njegoš je pokušao da modernizuje državu kojom su vladala plemena i krvna osveta. Otvarao je škole, osnivao sudove, gradio puteve, pomagao kulturu, uveo plaćanje poreza. Nažalost, nisu svi želeli takvu državu, pa se Njegoš silno borio sa svojim protivnicima.

Uz sve državne poslove, uvek je pronalazio vremena za sopstveno obrazovanje i književni rad.

U jesen 1849. godine, oboleo je od tuberkuloze, a dve godine kasnije, 1851. od iste bolesti i preminuo.

Pred smrt, ostavio je zavet da se sahrani u maloj kapeli na Lovćenu, kao i da njegovi podanici žive u miru i slozi. Nažalost, Crnu Goru su decenijama kasnije razarali ratovi, a sva Njegoševa imovina je rasturena ili uništena. Njegovi posmrtni ostaci premeštani su nekoliko puta. Danas njegove mošti počivaju u mauzoleju na Lovćenu.

Luča mikrokozma (1845) hronološki je prvo od ukupno tri Njegoševa najpoznatija dela. Ovih šest spevova u desetercu u kojima pesnik prikazuje traganje duše za lepotom božanstva i uzrocima čovekovog pada, mnogi smatraju najvećim poetsko-religioznim delom u srpskoj filozofskoj literaturi. Napisano je u jednom dahu i u potpunoj usamljenosti pesnika tokom prve četiri nedelje velikog posta. Oslobodivši se okova materije i vinuvši se u nebeske predele, duša vođena anđelom dolazi do izvora saznanja gde će, napivši se vode sa ovog izvora, saznati kako je, posle Satanine pobune protiv Boga, došlo do izgnanstva čoveka na Zemlju.

REČNIK

manje poznatih reči i izraza

almaz — dragi kamen
avrora — zora

blagouhanije — prijatan miris

Cerber ili Kerber — troglavi pas, čuvar podzemnog sveta

Čalamara — najveća planina na zemlji, zapravo Himalaji
čislo — broj

dovoljan — zadovoljan
drakon — zmaj
dviženje — kretanje, pokret

đê — gde je

edemski — rajski
Ehidna — pola zmija, pola devojka

Flegeton — reka podzemnog sveta sa plamenim talasima

Gorgone — tri sestre, mitske nakaze podzemnog sveta

Himera — čudovište: spreda lav, u sredini koza, a pozadi zmaj

ispitati — iskusiti
istočnik — izvor

Jaobaz — Zaboja, čita se unatrag, kao i ostala ovde imena: Alzavaalg — Glavazla, Ilzhud — Duhzli, Alzzenk — Knezzla, Noelopan — Napoleon, Razec — Cezar, itd.
jazičestvo — poganstvo
judol — dolina

kačestvo — svojstvo, osobina
kipa — lopta, zboj
ključ — mlaz
Kokit ili Kocit — prljava reka podzemnog sveta
kolesnice — kola
korablokrušan — koji lomi, krši lađe
kover — ćilim

Leta — reka zaborava u podzemnom svetu
lijes — šuma
lik — zbor, grupa
lono — krilo
lučesipan — koji rasipa zrake ili luče

mana — hrana koju je Bog poslao Jevrejima u pustinju
mečtanje — sanjarenje

mir — svet
mirodržan — koji svet drži
miroguban — koji svet uništava
Mente — reka podzemnog sveta sa plamenim talasima

nakaza — kazna; *nakazati* — kazniti
nebesni kuriri — kometa
nenavisnik — mrzitelj, pakosnik
nepodvižan — nepokretan

obezobraziti — izobličiti, izgubiti pravi lik
odih — odahnuće, odmor

pitatelni — hranjivi
pitatelnica — hraniteljka
pišta — hrana
polučiti — dobiti
ponjatije — pojam
popečenje — briga, staranje
popirati — rušiti, savlađavati
porfira — ogrtač
predprijatije — preduzeće
predvještatelj — predskazivač, prorok
prelestan — krasan, zavodljiv
pričina — uzrok

ravnočin — ravan po činu
razraza — poraz
ročan — vezan za rok

sačetati — sjediniti, spojiti
sčislenije — zbrajanje
slavoslovan — koji peva ili raznosi slavu
Stiks — reka koja oko podzemnog carstva protiče devet puta

štedar — obilato darežljiv

tartar — pakao, jedan deo podzemnog sveta
tjelodviženije — pokret tela
topaz — dragi kamen žute boje
trononosan — koji nosi ili drži presto

uhiljeti — oslabiti
uninije — klonulost, tuga
usopši — umrli
ušikati — uspavati

vid — izgled, prizor
vlijanje — uticaj
vnimanje — pažnja
volna — val, talas
voobraz — uobrazilja, uobraženje
vopalj — vapaj
voprošavati — pitati
vrediti — štetiti
vzor — pogled

žalo — žalac, žaoka
žilište — život
žizan — život

Petar P. Njegoš
LUČA MIKROKOZMA

London, 2023

Izdavač
Globland Books
27 Old Gloucester Street
London, WC1N 3AX
United Kingdom
www.globlandbooks.com
info@globlandbooks.com

Naslovna fotografija
Marcus Dall Col
(https://unsplash.com/
photos/XU-mMDweXR4)

Milton Keynes UK
Ingram Content Group UK Ltd.
UKHW020754190923
428965UK00015B/808

9 781915 204400